Jutta Maier

Mobiles aus Papier

FALKEN

Von derselben Autorin sind im FALKEN Verlag erschienen:
„Das große farbige Bastelbuch für Kinder" (Nr. 4254)
„Heut basteln wir mit Pappe und Papier" (Nr. 4413)

CIP-Titelaufnahme der Deutschen Bibliothek

Maier, Jutta:
Mobiles aus Papier / Jutta Maier. – Niedernhausen/Ts.:
FALKEN, 1989
(Schönes Hobby)
ISBN 3-8068-5183-2

ISBN 3 8068 5183 2

Titelbild: Achim Kalk, Frankfurt
Fotos: ART TECH Photo-Design-Studio Gerhard Burock, Wiesbaden-Naurod
Zeichnungen: Daniela Schneider, Frankfurt
Reinzeichnung des Vorlagebogens: Ulrike Hoffmann, Bodenheim
Layout: Design Christiane Rauert, Dortmund

Satz: Dinges+Frick, Wiesbaden
Druck: Mairs Graphische Betriebe GmbH, Ostfildern (Kemnat)

817 2635 4453 6271

INHALT

Wie Sie diese bunten Fische einfangen, können Sie auf Seite 14 nachlesen

MATERIALKUNDE

Die Ausgangsmaterialien für die in diesem Buch vorgestellten Mobiles sind Pappe und Papier. Es gibt sie in den unterschiedlichsten Sorten und Farben in Schreibwaren- und Bastelgeschäften zu kaufen. Am häufigsten wird Tonpapier verwendet, ein in allen Farben erhältlicher dünner, biegsamer Karton. Für Objekte, die mehr Festigkeit verlangen, verwendet man am besten Fotokarton. Er ist ebenfalls in allen Farben erhältlich, läßt sich aber nur schwer knicken und falten. Zur Verstärkung einzelner Mobileteile eignet sich Pappe. Sie ist meist grau oder braun. Da Pappen oft als Verpackung verwendet werden, lohnt es sich, davon einige zu sammeln. Drachenpapier ist glänzend, lichtdurchlässig, relativ reißfest und wird in verschiedenen Farben angeboten. Faltpapier gibt es in allen Farben abgepackt und fertig zugeschnitten zu kaufen. Auch Goldfolie gibt es in verschiedenen Farben. Sie ist metallisch glänzend und ein- oder beidseitig beschichtet. Goldfolie ist fest, sehr stabil, empfindlich gegen Knicke, und ihre Beschichtung färbt bei der Berührung mit Klebstoff leicht aus.

Die Vielfalt von Pappen und Papieren ist schier unerschöpflich

WERKZEUG

Die hier aufgeführten Hilfsmittel zur Herstellung von Mobiles sind in Bastel-, Schreibwaren- und Heimwerkergeschäften erhältlich. Zum Abpausen der Vorlagen benützen Sie am besten Pauspapier und einen Bleistift. Die größeren Teile lassen sich gut mit einer Haushaltsschere ausschneiden. Für kleinere Teile wäre eine Scherenschnitt- oder eine kleinere Nagelschere besser geeignet. Das Einschneiden einzelner Teile geht am leichtesten mit einem Papierschneidemesser. Blumendraht und Pfeifenputzer können Sie mit einer kleinen Zange abzwicken. Zum Zusammenkleben der Mobileteile genügt Pritt Papierkleber oder Pritt Alleskleber. Zum Aufhängen der einzelnen Mobileteile bzw. des ganzen Mobiles benötigen Sie schließlich eine Nähnadel und farblich passende Nähseide oder Zwirn.

Zum Herstellen der Mobiles benötigen Sie nur wenige Hilfsmittel; die meisten haben Sie sicher zu Hause

AUFHÄNGUNG

Als Aufhängung der Motivteile eignen sich Naturmaterialien, Stäbe oder speziell angefertigte Gegenstände. Da ein Mobile aber immer als Ganzes wirkt, sollte die Aufhängung zu den Motivteilen passen bzw. diese noch wirkungsvoll unterstreichen: z. B. Eulen zu knorrigen Ästen, Drachen zu Wolken, etc. Die Motivteile können mit Nähseide an den einzelnen Aufhängungen befestigt werden.

Korkenzieherweide oder -haselnuß sind mit ihren bizarr geformten Ästen gut geeignet. Immergrüne Zweige können mit Blumendraht an einzelne Äste gebunden werden

Motivteile können auch an ihnen zugehörigen Motiven aufgehängt werden, z. B. Sterne am Mond, Fische an Wellen, Ballons an Wolken

Zum Befestigen der einzelnen Aufhängungen nimmt man Nähseide oder Zwirn, der auch größere Gewichtsbelastungen aushält.

VON UNTEN NACH OBEN

Das Ausbalancieren des Mobiles kann man sich wesentlich erleichtern, wenn man sich systematisch von unten nach oben vorarbeitet. An der untersten Aufhängung werden zuerst die Motivteile aufgehängt. Dann wird ca. in der Mitte der Aufhängungsfaden befestigt. Nun wird, wenn nötig, der Aufhängungsfaden so lange in Richtung des höher hängenden Motivteils verschoben, bis die Teile waagerecht hängen. Nun wird dieses Teil an der nächsten Aufhängung befestigt usw.

1. Zuerst alle benötigten Dinge wie Motivteile, Aufhängung, Nadel, Faden und Schere bereitlegen

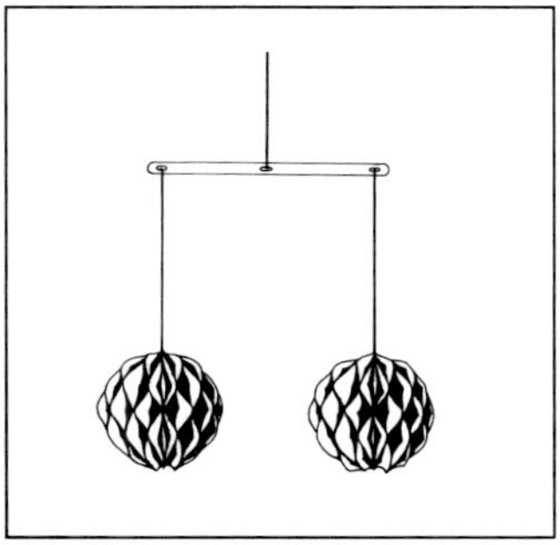

2. An die unterste Aufhängung werden die Motivteile angehängt und dann mit dem Aufhängungsfaden ausbalanciert

3. An der nächsten Aufhängung wird die erste befestigt. Dann folgt die Aufhängung für die andere Seite

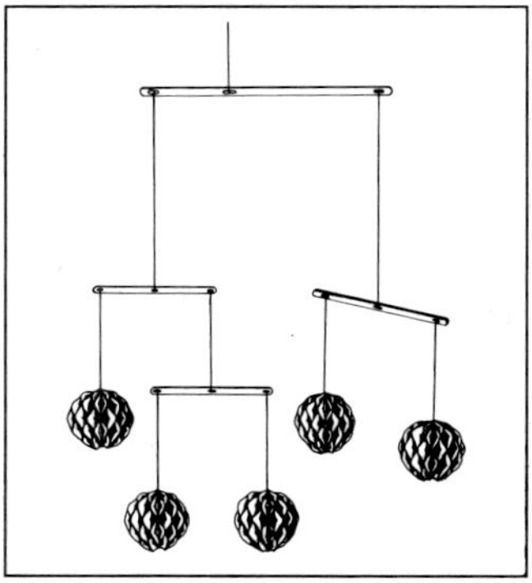

4. Die beiden Aufhängungen werden nun am größten Aufhängungsteil befestigt und ausbalanciert

MOBILE-GALERIE

BUNTE BALLONS

Material:
Faltpapier 15x15 cm für die Ballons, Pappe und Watte für die Wolken, Pritt Papierkleber, Bleistift, Schere, Nadel, Zwirn für die Aufhängung der Wolken und Wollfäden für die der Gondeln

1. Auf dem ersten Papier oben, unten und in der Mitte eine Klebstofflinie ziehen, zweites Blatt aufkleben

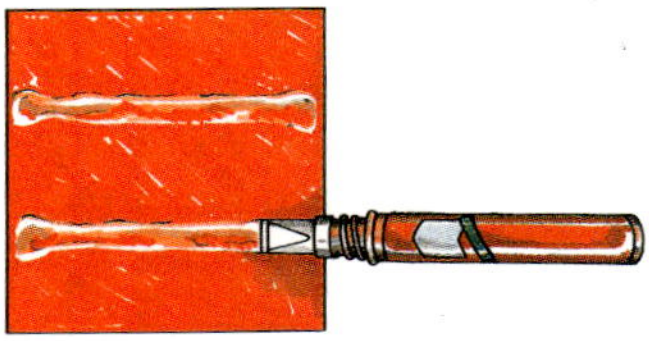

2. Nun dieses Blatt durch zwei Klebstofflinien dritteln. Beim dritten Blatt wie beim ersten vorgehen, beim vierten wie beim zweiten Blatt usw.

3. Quer zu den Klebstofflinien zwei Halbkreise aufzeichnen, ausschneiden und aufeinanderkleben

4. Nach ca. 5 Minuten den Ballon aufklappen und zusammenkleben

5. Die Gondel an den Zacken am Gondelboden festkleben

6. Mit vier Fäden die Gondel am Ballon festkleben

Für jeden Ballon werden immer zehn Faltblätter aufeinander geklebt. Ist der Ballon zusammengeklebt, so wird durch ein Papier in seiner oberen Mitte der Aufhängungsfaden gezogen.
Die Wolken werden mit Pritt Alleskleber bestrichen und mit einer dicken Watteschicht schön flauschig bezogen

UNGEHEUER UND VULKAN

Material: Tonpapier, Schere, Pritt Papierkleber, Nadel und Faden. Falls vorhanden, können Sie das Zickzack-Band auf dem Rücken des Ungeheuers auch mit einer Zackenschere ausschneiden

Schneiden Sie zunächst in den Körper des Phantasieungeheuers Ohren, Augen und die Mähne ein. Ein langer Papierstreifen wird im Zickzack gefaltet und am Rücken aufgeklebt. Das fertige Ungeheuer wird mit je einem Faden am Kopf und an der letzten Krümmung an der Aufhängung befestigt.
Der Vulkan wird, wenn er ausgeschnitten ist, einfach zusammengeklebt. In seiner Mitte lodert ein Feuer aus farbigen Papierstreifen, die Sie vor dem Festkleben am besten über die Schneidefläche der Schere ziehen.

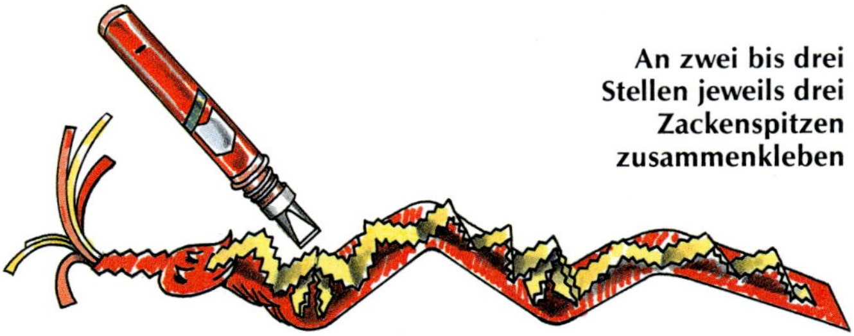

An zwei bis drei Stellen jeweils drei Zackenspitzen zusammenkleben

Am Kopf- und Schwanzende wird der Drache an Fäden aufgehängt

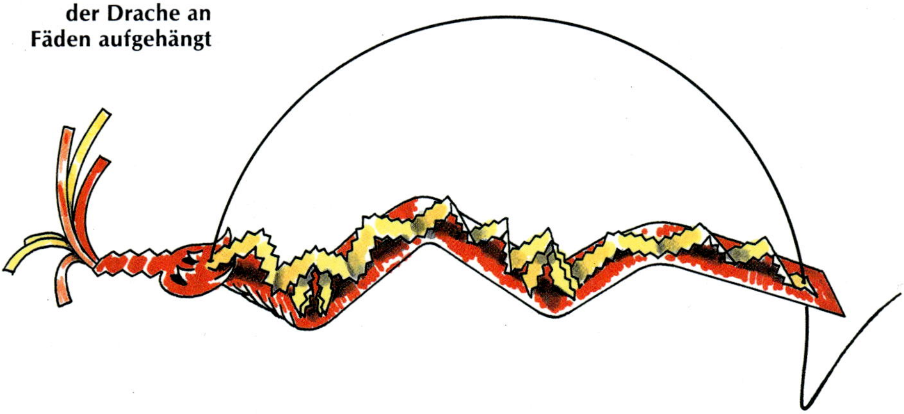

Bei der Aufhängung dieses Mobiles muß man besonders darauf achten, daß die einzelnen Ungeheuer weit genug voneinander entfernt sind, damit sie sich in der Bewegung nicht gegenseitig behindern und den Vulkan gut und frei „umfliegen“ können

AM TEICH

Am Teich tummeln sich quakende Frösche zwischen Seerosen. Beginnen Sie mit den Seerosen, indem Sie zuerst jedes einzelne Blatt über die Schneidefläche der Schere ziehen. So entsteht ein schöner Schwung nach innen. Die weißen Blätter werden an den abgeflachten Stellen zu einer Blüte zusammengeklebt, dann werden die gelben Blätter in die Mitte gesetzt. Beim Frosch schneiden Sie zunächst die Augen ein, klappen sie auf und malen die Pupillen darauf.

Sie benötigen: Tonpapier, Schere, Pritt Papierkleber, Nadel und Faden. Die Augen werden mit einem schwarzen Filzstift aufgemalt

Den Bauch bis zu den Augen aufkleben und den Rest als Maul herunterklappen

Den hinteren Teil des Frosches knicken und auf das Fußteil aufkleben

Wem bei diesem Mobile die grünen Frösche auf den Blättern der Seerosen zu sehr „getarnt“ erscheinen, kann diese nach Belieben durch eine andere Farbe, z. B. rot-gelb, mehr in den Vordergrund rücken

FISCHE

Schon durch einen schwachen Luftzug kommen die Fische in Bewegung und schwimmen in den Wellen. Versuchen Sie auch einmal, exotische Fische aus buntschillerndem Regenbogenpapier zu basteln. Schneiden Sie zuerst das Fischmaul aus und den Einschnitt für das spätere Zusammenkleben. Dann werden die Augen durch beide Fischhälften gleichzeitig gelocht. Die Flossen werden eingeklebt, bevor Sie die beiden Fischhälften miteinander verbinden. Zum Schluß ziehen Sie den Aufhängungsfaden durch die Rückenflosse und lassen den Fisch an einer Welle „schwimmen“.

Die Fische und deren Flossen werden aus Tonpapier hergestellt. Für die Wellen benötigen Sie den stabileren Fotokarton. Ansonsten brauchen Sie noch Schere, Nadel, Faden, Pritt Papierkleber und einen Locher für die Augen

Das Papier am Einschnitt übereinanderschieben und festkleben. Der Fisch wird so plastischer

Den Rand mit Papierkleber bestreichen und die zweite Hälfte aufkleben

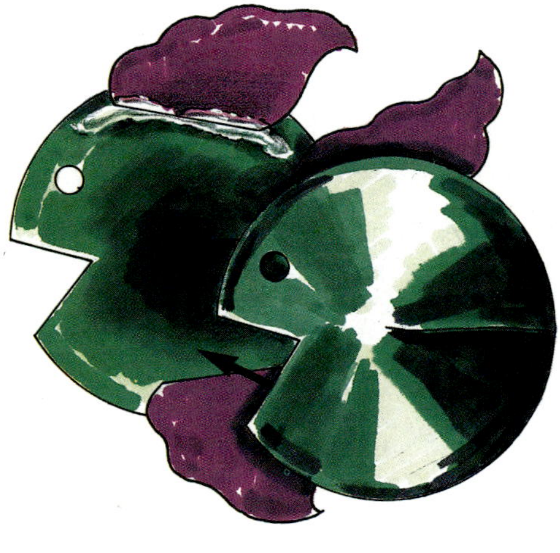

Das Gebiß des kleinen Raubfisches im Mobile entsteht, indem man das Fischmaul mit einer Zackenschere ausschneidet

BAUM

Material:
Tonpapier, Nadel, Faden, Pritt Papierkleber, Lineal, Papierschneidemesser oder kleines Küchenmesser, einen schwarzen Filzstift, eine Scherenschnittschere oder eine kleine Nagelschere

1. Mit Lineal und Messer eine Linie durch den Stamm ziehen. Den Baum dann zur Hälfte zusammenfalten

2. Jeweils an der Faltkante werden die zwei Baumteile auf den mittleren Baum aufgeklebt

3. Das Papier wie eine Ziehharmonika vierfach falten, Blätter und Vögel aufzeichnen und dann ausschneiden

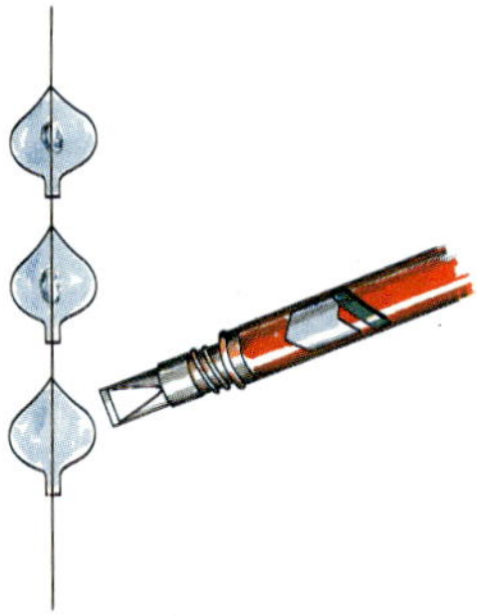

4. Die frei schwebenden Blätter und Vögel werden mit einem Klebstoffpunkt am Faden befestigt

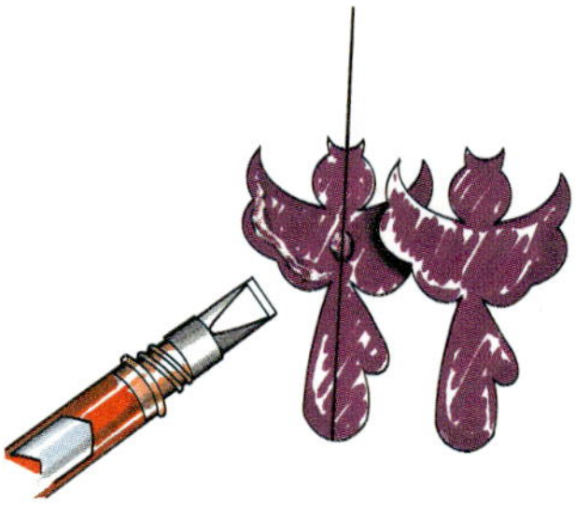

5. Der Vogel an der Aufhängung muß doppelt geklebt werden, so ist der Faden in der Mitte verdeckt

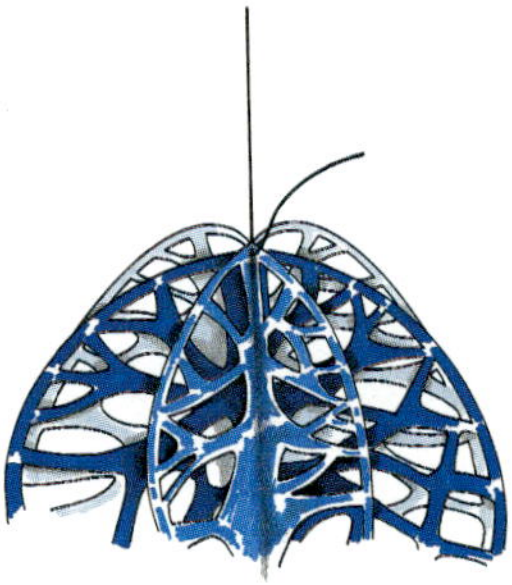

6. Durch ein Papier in der Mitte des Baumes wird der Faden für die Aufhängung gezogen

Die Schablonen für den Baum müssen Sie dreimal übertragen und ausschneiden. Zwei dieser Baumteile werden in der Mitte gefaltet und am dritten festgeklebt. Beim Ausschneiden der Blätter und Vögel können Sie sich einige Arbeit sparen, wenn Sie gleich mehrere Teile auf einmal ausschneiden

SCHMETTERLINGE

Material: Blumenstraußmanschetten, Wasserfarben, dicker Pinsel, Nadel, Faden, Pritt Papierkleber, Trockenblumen, kleine spitze Schere, Drachenpapier und Pfeifenputzer

Zarte Schmetterlinge tanzen zwischen bunten Blüten. Als Blüten wurden hier weiße Blumenstraußmanschetten verwendet, die es in verschiedenen Größen zu kaufen gibt. Mit Hilfe von Trockenblumen, Gräsern und etwas Farbe werden daraus langlebige ,,Blumen". Falten Sie zunächst den Schmetterling zur Hälfte, und schneiden Sie die Muster ein. Der Pfeifenputzer wird ebenfalls in der Mitte geknickt, der Schmetterling dazwischengelegt und die Enden einmal gedreht. An jedem Fühler und am Körperende je einen Faden befestigen und dann alle drei zusammenknoten. Die bunte Manschette an zwei gegenüberliegenden Punkten durchstechen und aufhängen.

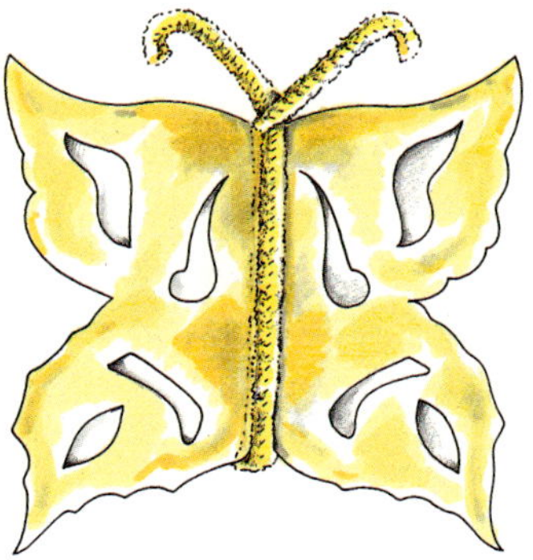

Zwischen den Pfeifenputzer klemmen Sie den ausgeschnittenen Schmetterling

Die Manschette wird mit Wasserfarben bemalt und mit Strohblumen und Gräsern geschmückt

Beim Ausschneiden sollten Sie darauf achten, nicht zu viele und nicht zu große Muster in die Flügel zu schneiden, da diese sonst ihren Halt verlieren. Die Aufhängung darf nicht am äußersten Rand der Manschette befestigt werden. Sie würde sonst nach unten umknicken

EULEN

Sie benötigen: Tonpapier, Papierschneidemesser, Schere, Pritt Papierkleber, Nadel, Faden, Blumendraht zum Festbinden der immergrünen Zweige an den Ästen

Dieses Mobile begrüßt ,,Nachteulen'', wenn sie in der Frühe nach Hause kommen. Für die Arbeiten mit dem Papiermesser empfiehlt es sich, die Eulen auf eine dicke Schicht alter Zeitungen zu legen. Damit das Papier beim Schneiden nicht verknickt wird, führen wir das Messer immer von innen nach außen. Schneiden Sie zuerst die Federn in V-Form ein, die Spitzen zeigen nach unten. Je zwei Kreise werden für ein Auge eingeschnitten und aufeinander geklebt. Sind beide Teile der Eule zusammengeklebt, werden die Ohren eingeschnitten.

Nach dem Einschneiden biegen Sie die Spitzen nach oben

Der Schnabel wird einmal zur Hälfte gefaltet und zwischen die Augen geklebt

Die beiden Eulenteile werden nach dem Einschneiden und Aufbiegen der Federn zusammengeklebt. Beim Einschneiden muß darauf geachtet werden, daß die Rückseite ganz mit Federn bedeckt ist, an der Vorderseite aber der Kopf ausgespart bleibt

IGEL

Unterm Laub raschelt es, und hervor wagt sich ein Igel. Unsere Igel haben Stacheln, die, genau wie das Federkleid der Eulen, mit einem scharfen Papierschneidemesser eingeschnitten werden. Also lieber alte Zeitungen unterlegen, um den Tisch zu schonen. Sind Igel und Blätter fertig, ziehen Sie einen Faden durch den Igelrücken und den Blattrand. Die Enden werden miteinander verknotet.

Material: Tonpapier, Fotokarton, Schere, Papierschneidemesser, Pritt Papierkleber, Nadel, Faden und einen schwarzen Filzstift

1. Ritzen Sie mit dem Messer eine Blattader in der Mitte, und knicken Sie das Blatt hier einmal. Seitliche Adern einritzen und ebenfalls knicken. Dann wenden Sie das Blatt und ritzen hier, versetzt zur Vorderseite, neue ein

2. Die Stacheln mit dem Messer in V-Form zum Körperende hin einschneiden und anschließend aufbiegen

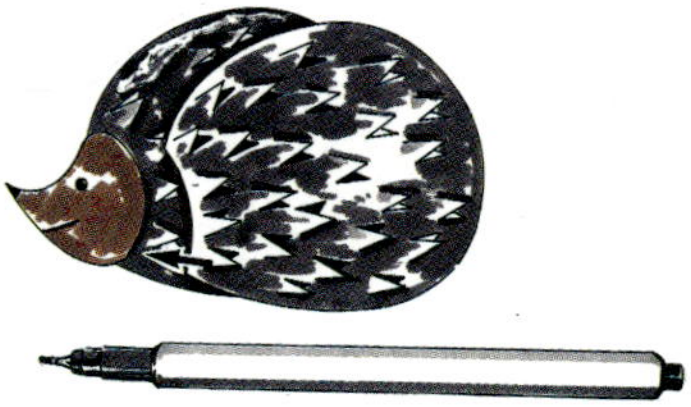

3. Auf beiden Seiten das Gesicht aufmalen und den Kopf zwischen den Körperteilen festkleben

Die Igel werden aus Tonpapier hergestellt, die Blätter aus Karton. Ist nicht genügend Karton vorhanden, können die kleineren Blätter auch aus Tonpapier geschnitten werden

DRACHEN

Wind und Drachen sind ein unzertrennliches Gespann. Bei unserer Mobile-Herbstlandschaft aus Wolken, Drachen und flatterndem Drachenschwanz wird zunächst das Gerüst für den Drachen ausgeschnitten und einmal zur Hälfte gefaltet. Für den Schwanz werden ca. 1 x 2 cm große Streifen aus Drachenpapier in einen langen Faden für den Schwanz geknotet. Jetzt kann der Drachen mit einem Faden an einer Wolke befestigt werden. Die Wolke besteht aus einer Pappe, die mit Tonpapier beklebt wird. Schneiden Sie zwei Hälften aus, und kleben Sie sie aufeinander.

Sie benötigen: Pappe, Tonpapier für die Wolken, schwarzes Tonpapier für das Drachengerüst, Drachenpapier, Schere, Pritt Papierkleber, Nadel, Zwirn und Wollfäden

Das Gerüst wird auf Drachenpapier geklebt und dann ausgeschnitten

Den Schwanz auf der Rückseite der Wolke direkt oder mit einem Faden befestigen

Damit das Mobile beweglich bleibt, sollten Sie nicht zu viele Drachenschwänze an gegenüberliegenden Wolken festkleben

MOND UND STERNE

Für den Mond und die Sterne benötigen Sie: Pappe, Goldfolie, Schere, Pritt Papierkleber, Nadel und Faden

Mond und Sterne aus Gold- und Silberfolie leuchten in der Dunkelheit. Da Goldfolie bei der Berührung mit Klebstoff leicht ausfärbt, sollten Sie ihn nur sehr sparsam verwenden. Der fertige Stern wird am inneren Rand mit Pritt Papierkleber bestrichen, dann wird ein zweiter Stern mit versetzten Zacken darauf geklebt. Durch eine Sternenzacke und den Rand des Mondes wird der Aufhängungsfaden gezogen und verknotet.

1. Die Sterne ausschneiden und wie in der Zeichnung angegeben einschneiden. Alle Zacken einmal zur Mitte falten . . .

2. . . . und wieder aufklappen. Die beiden Zacken am Einschnitt übereinander kleben, damit der Stern plastischer wird

3. Der Pappmond wird auf Goldfolie aufgeklebt und ausgeschnitten. Den Vorgang auf der anderen Seite wiederholen

Sind die Ränder der Goldfolie nach dem Ausschneiden des Mondes etwas ausgefranst, können diese durch leichtes Umfahren mit dem Finger wieder geglättet werden

WEIHNACHTSBAUM

Für den Weihnachtsbaum benötigen Sie: Fotokarton, Tonpapierreste oder Goldfolie für die Sterne, Perlen 0,5 cm ∅, Faden, Nadel, eine mitteldicke Wolle, Pritt Alleskleber und eine Schere

Dieses Mobile ist ein schöner Raumschmuck, wenn man sich in der Adventszeit auf das Weihnachtsfest freut. In vielen Familien ist es schon Tradition, die Wohnung in dieser Zeit mit selbstgemachten Sternen, Bildern und Adventskalendern zu schmücken. Wenn Sie Lust haben, viele Weihnachtsbaum-Mobiles zu basteln, können Sie sie auch in die Spitzen Ihres richtigen Weihnachtsbaumes hängen.
Zuerst wird der Baum aus Fotokarton ausgeschnitten. Dann knoten Sie ein etwa 1 cm langes Stück Wolle an einen Faden. Die Wolle wird mit Klebstoff bestrichen und mit dem Faden in eine Perle eingezogen. Mit lauter kleinen Perlen und Sternen wird der Weihnachtsbaum geschmückt.

Die überstehende Wolle abschneiden und die Kugel an einem Faden an den Baum kleben

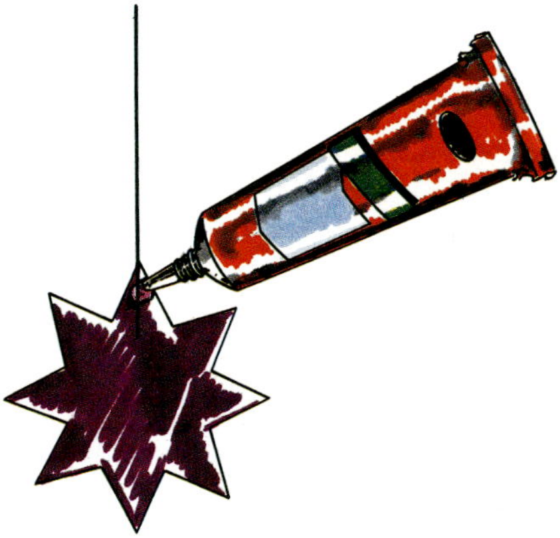

Mit einem Klebstoffpunkt wird ein Stück Faden an einem Stern befestigt

Ist kein Fotokarton vorhanden, so können Sie ihn auch durch mit Tonpapier bezogene Pappe ersetzen

KRIPPE UND STERN

Material: Pappe, Goldfolie, Schere, Pritt Papierkleber, schwarzes Tonpapier für den Stall, Naturwolle, Nadel und Faden

Solch ein jubelnder Engelchor gehört einfach in die Weihnachtszeit. Eine Seite des Engelkleides wird mit Klebstoff bestrichen und tütenartig zusammengeklebt. Flügel an der Rückseite befestigen, den Kopf zur Hälfte zusammenklappen und mit der Naturwolle bekleben. Jetzt kann der Engel mit einem Faden an der Decke der Krippe „schweben". Für den großen Stern kleben Sie die Pappteile auf Goldfolie auf, schneiden sie aus und wiederholen den Vorgang auf der anderen Seite.

Die Flügel mit den Spitzen nach oben am Kleid festkleben

An den Einschnitten werden die beiden Sternteile ineinander geschoben

Wenn Sie keine Naturwolle im Haus haben, können Sie diese auch gut durch Watte ersetzen